Impressum
Verlag: BABADADA GmbH, Nedderfeld 112 , 22529 Hamburg
Geschäftsführer / Verlagsleitung: Harald Hof
Druck: Books on Demand GmbH, In de Tarpen 42, 22848 Norderstedt

Imprint
Publisher: BABADADA GmbH, Nedderfeld 112 , 22529 Hamburg, Germany
Managing Director / Publishing direction: Harald Hof
Print: Books on Demand GmbH, In de Tarpen 42, 22848 Norderstedt, Germany

学校

sekolah

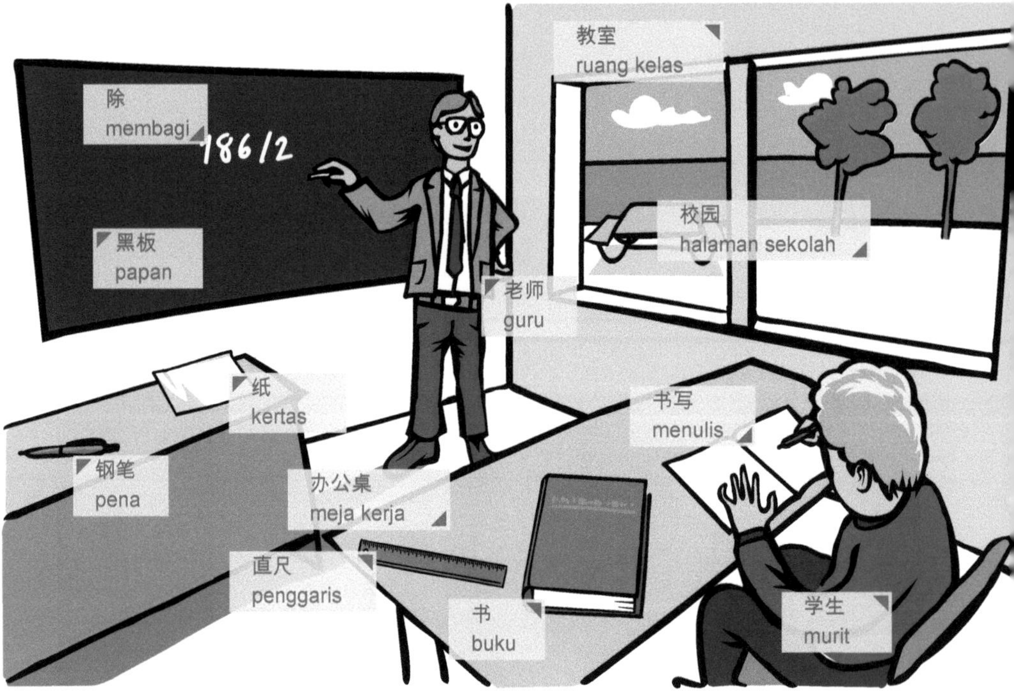

教室
ruang kelas
除
membagi
186/2
黑板
papan
校园
halaman sekolah
老师
guru
纸
kertas
书写
menulis
钢笔
pena
办公桌
meja kerja
直尺
penggaris
书
buku
学生
murit

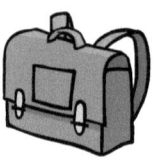

书包

tas sekolah

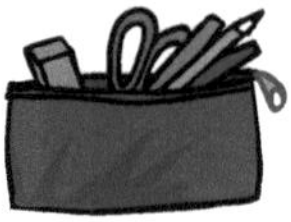

铅笔盒

tempat pensil

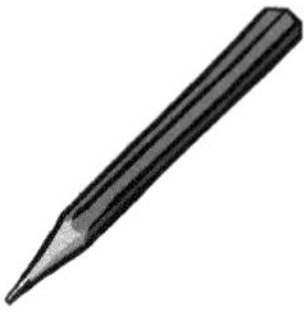

铅笔

pensil

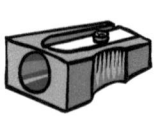

卷笔刀

pengasah pensil

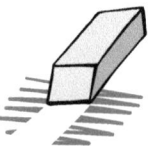

橡皮擦

penghapus

画板

kertas gambar

图画
gambar

画笔
kuas

颜料盒
kotak cat

剪刀
gunting

胶水
lem

练习册
buku latihan

家庭作业
pekerjaan rumah

12

数字
angka

2+2

加
tambhakan

5-2

减
mengurangi

2×2

乘
mengalikan

计算
menghitung

A

字母
huruf

ABCDEFG
HIJKLMN
OPQRSTU
VWXYZ

字母表
alfabet

hello

字
kata

课文

teks

读

membaca

粉笔

kapur

上课

pelajaran

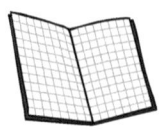

登记

daftar

考试

ujian

证书

sertifikat

校服

seragam sekolah

教育

pendidikan

百科全书

ensiklopedi

大学

universitas

显微镜

mikroskop

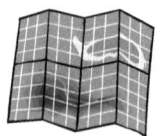

地图

peta

废纸筐

tempat sampah

旅行

perjalanan

酒店
hotel
Grand
青年旅社
hostel
ROOMS
EXCHANGE
外币兑换处
kantor pertukaran mata uang
手提箱
koper
汽车
mobil

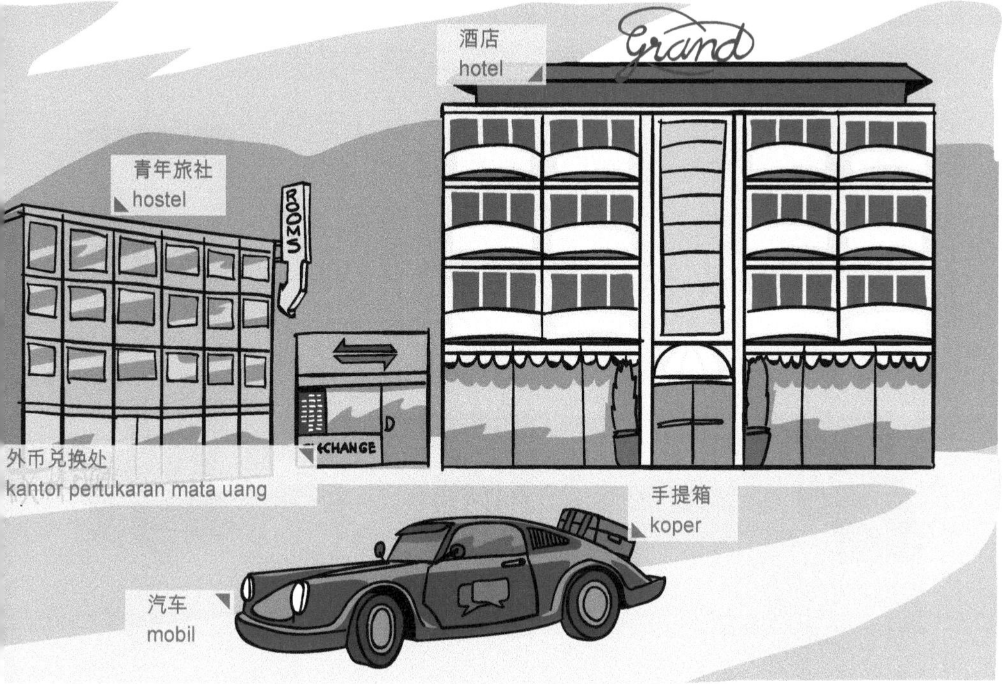

语言

bahasa

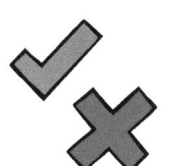

是/否

ya / tidak

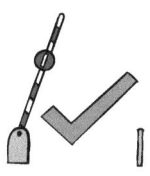

好的

okay

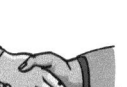

您好

hallo

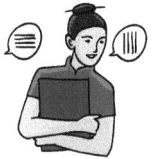

翻译员

penerjemah

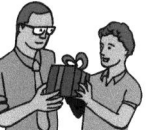

谢谢

terima kasih

……多少钱？

Berapa harganya…?

我不明白

saya tidak mengerti

问题

masalah

晚上好！

Selamat malam!

早上好！

Selamat siang!

晚安！

Selamat tidur!

再见

sampai jumpa

方向

arah

行李

bagasi

包

tas

双肩包

ransel

客人

tamu

房间

ruang

睡袋

kantong tidur

帐篷

tenda

旅游信息

informasi wisata

海滩

pantai

信用卡

kartu kredit

早餐

sarapan

午餐

makan siang

晚餐

makan malam

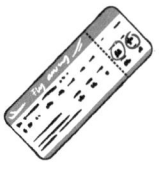

票

tiket

电梯

elevator

邮票

perangko

边界

perbatasan

海关

cukai

大使馆

kedutaan

签证

visa

护照

paspor

交通运输

transportasi

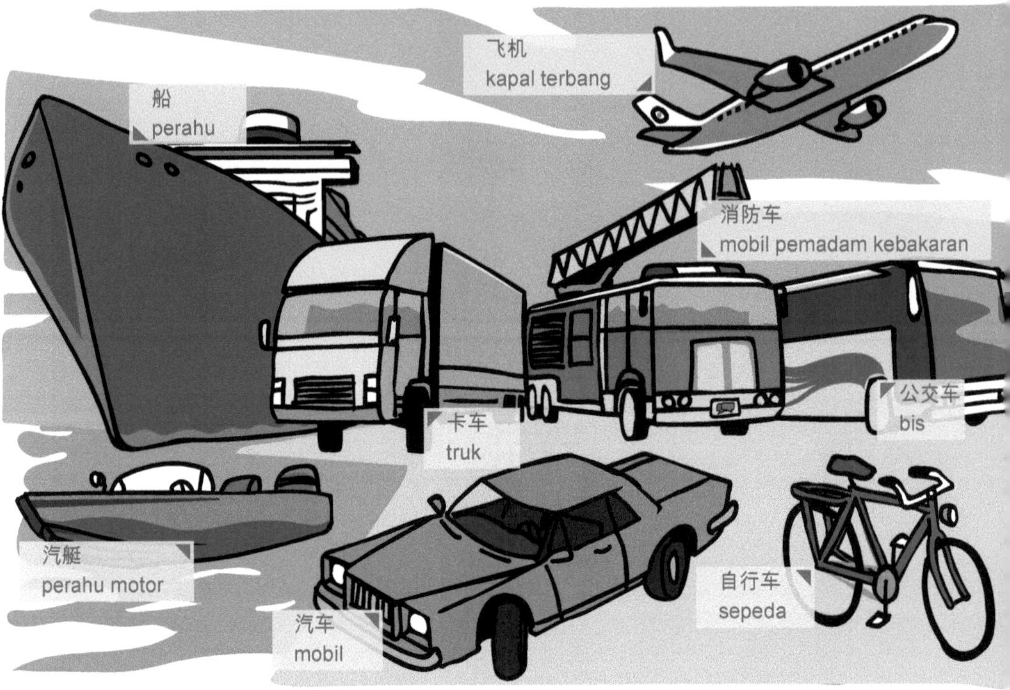

飞机
kapal terbang
船
perahu
消防车
mobil pemadam kebakaran
公交车
bis
卡车
truk
汽艇
perahu motor
自行车
sepeda
汽车
mobil

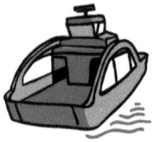

摆渡船

feri

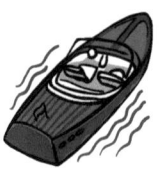

小船

perahu

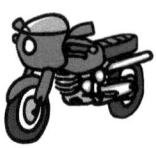

摩托车

sepeda motor

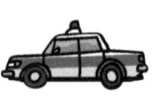

警车

mobil polisi

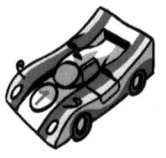

赛车

mobil balapan

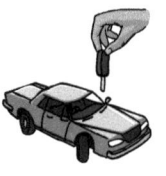

租车

mobil sewa

拼车

berbagi mobil

拖车

truk derek

垃圾车

truk sampah

发动机

motor

汽油

bahan bakar

加油站

bensin

交通标志

tanda lalulintas

交通

lalulintas

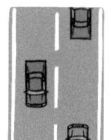

交通堵塞

macet

停车场

parkir mobil

火车站

stasiun kereta

轨道

trek

火车

kereta api

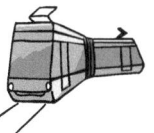

电车

tram

货车

gerobak

直升机

helikopter

机场

bendara

塔

menara

乘客

penumpang

集装箱

container

纸板箱

karton

手推车

troli

篮子

keranjang

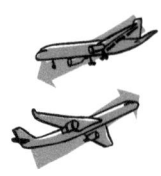

起飞/降落

berangkat / mendarat

城市

kota

村庄

desa

市中心

pusat kota

房子

rumah

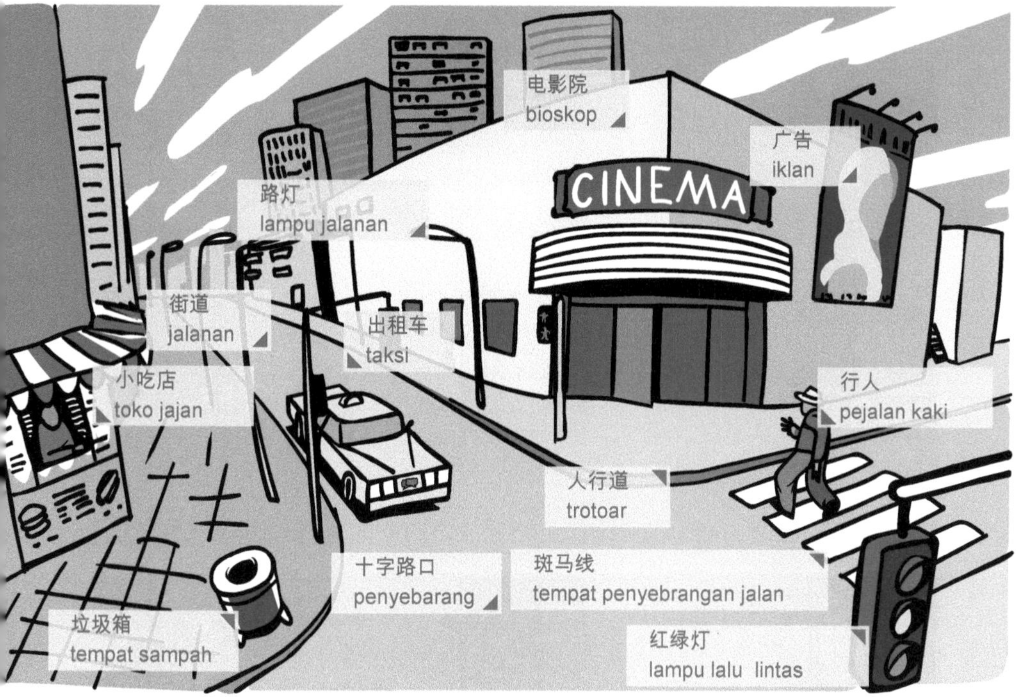
电影院
bioskop
广告
iklan
CINEMA
路灯
lampu jalanan
街道
jalanan
出租车
taksi
小吃店
toko jajan
行人
pejalan kaki
人行道
trotoar
十字路口
penyebarang
斑马线
tempat penyebrangan jalan
垃圾箱
tempat sampah
红绿灯
lampu lalu lintas

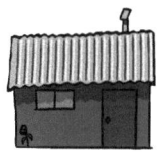

小屋

gubuk

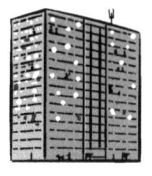

公寓

rumah flat

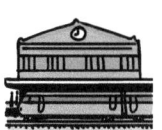

火车站

stasiun kereta

市政厅

balai kota

MUSEUM

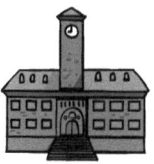

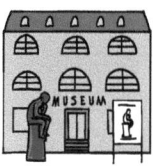

博物馆

museum

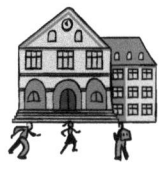

学校

sekolah

大学
universitas

银行
bank

医院
rumah sakit

酒店
hotel

药房
farmasi

办公室
kantor

书店
toko buku

商店
toko

花店
toko bunga

超市
supermarket

市场
pasar

百货商店
toko serba ada

鱼店
nelayan

购物中心
pusat belanja

海港
pelabuhan

公园
taman

长凳
banku

桥
jembatan

楼梯
tangga

地铁
kereta bawah tanah

隧道
terowongan

公交车站
pemberhantian bis

酒吧
bar

餐馆
restauran

邮筒
kotak surat

路标
tanda jalan

停车计时器
meteran parkir

动物园
kebun binatang

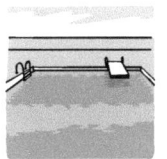

游泳馆
kolam renang

清真寺
mesjid

农场

pertanian

污染

polusi

墓地

kuburan

教堂

gereja

操场

tempat bermain

寺庙

pura

地形

pemandangan

树叶
daun

指示牌
penunjuk arah

路
jalanan

草地
padang rumput

石头
batu

树
pohon

徒步旅行者
pejalak kaki

河
sungai

草
rumput

花
bunga

峡谷

lembah

山

bukit

湖

danau

森林

hutan

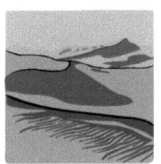

沙漠

padang gurun

火山

gunung berapi

城堡

istana

彩虹

pelangi

蘑菇

jamur

棕榈树

pohon palem

蚊子

nyamuk

苍蝇

lalat

蚂蚁

semut

蜜蜂

lebah

蜘蛛

laba-laba

甲虫

kumbang

青蛙

kodok

松鼠

tupai

刺猬

landak

野兔

kelinci

猫头鹰

burung hantu

鸟

burung

天鹅

angsa

野猪

babi jantan

鹿

rusa

麋鹿

rusa

水坝

bendungan

风力发电机

turbin angin

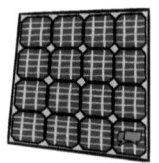

太阳能电池板

panel surya

气候

iklim

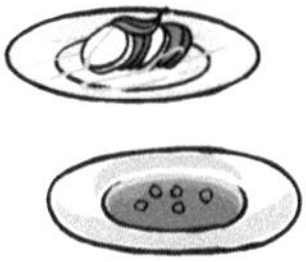

服务员
pelayan

菜单
daftar makanan

椅子
kursi

汤
sup

披萨饼
pizza

桌布
taplak

餐具
peralatan makan

前菜
hindangan pembuka

主菜
hidangan utama

甜点
hidangan penutup

饮料
minuman

食物
makanan

瓶子
botol

快餐

fastfood

街边小吃

masakan jalanan

茶壶

teko teh

糖盒

kaleng gula

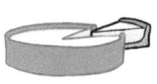

一份饭菜

porsi

意式咖啡机

mesin espresso

高脚椅

kursi tinggi

账单

tagihan

托盘

baki

刀

pisau

餐叉

garpu

勺子

sendok

茶匙

sendok teh

餐巾

serbet

玻璃杯

gelas

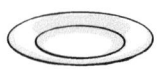

碟子
piring

汤盘
piring sup

碟子
lepek

酱
saus

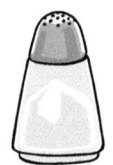

盐瓶
tempat garam

胡椒磨
gilingan merica

醋
cuka

食用油
minyak

调味料
bumbu

番茄酱
saus tomat

芥末
mustar

蛋黄酱
mayones

超市

supermarket

特价
penawaran khusus
FOR
顾客
klien
乳制品
produk susu
水果
buah
购物车
troli

BUTCHERS

肉铺

pembantai

BAKERY

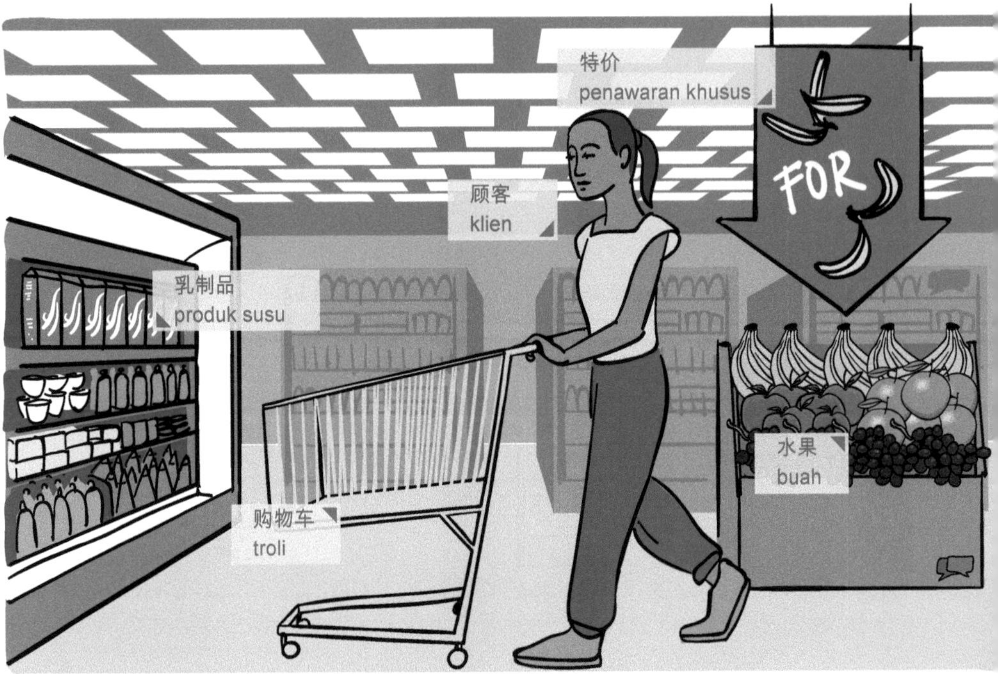

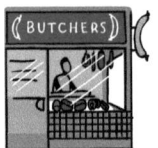

面包房

toko roti

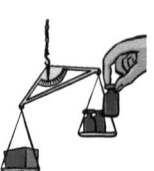

称重

menimbang

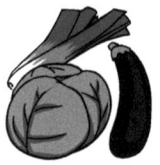

蔬菜

sayur

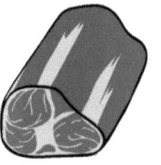

肉

daging

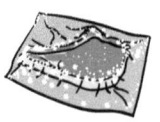

冷冻食品

makanan beku

冷盘

pemotongan dingin

罐头食品

makanan kaleng

洗衣粉

sabun serbuk

甜食

permen

日用品

alat-alat rumah tangga

清洁用品

obat pembersihan

销售员

penjual

收银机

kasa

收银员

kasir

购物清单

daftar belanja

开放时间

jam buka

钱包

dompet

信用卡

kartu kredit

袋子

tas

塑料袋

kantong plastik

饮料
minuman

水
air

果汁
jus

牛奶
susu

可乐
cola

红酒
anggur

啤酒
bir

酒
alkohol

可可
coklat

茶
teh

咖啡
kopi

意式浓缩咖啡
espresso

卡布奇诺
cappucino

香蕉

pisang

苹果

apel

橙子

jeruk

西瓜

semangka

柠檬

jeruk lemon

胡萝卜

wortel

大蒜

bawang putih

竹子

bambu

洋葱

bawang bombai

蘑菇

jamur

坚果

kacang

面条

mi

意大利面条

spagetti

米饭

nasi

沙拉

salat

薯条

kentang goreng

炸土豆

kentang goreng

披萨饼

pizza

汉堡包

hamburger

三明治

sandwich

炸猪排

sayatan

火腿

ham

萨拉米

salami

香肠

sosis

鸡肉

ayam

烤肉

menggoreng

鱼

ikan

燕麦片

bubur gandum

穆兹利

sereal

玉米片

cornflakes

面粉

tepung

羊角面包

croissant

面包卷

roti

面包

roti

烤面包

toast

饼干

biskuit

黄油

mentega

凝乳

dadih

蛋糕

kue

蛋

telur

煎蛋

telur goreng

奶酪

keju

冰激凌

eskrim

糖

gula

蜂蜜

madu

果酱

selai

巧克力酱

krim nugat

咖喱饭

kare

农场

pertanian

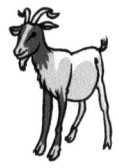

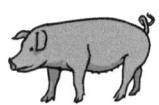

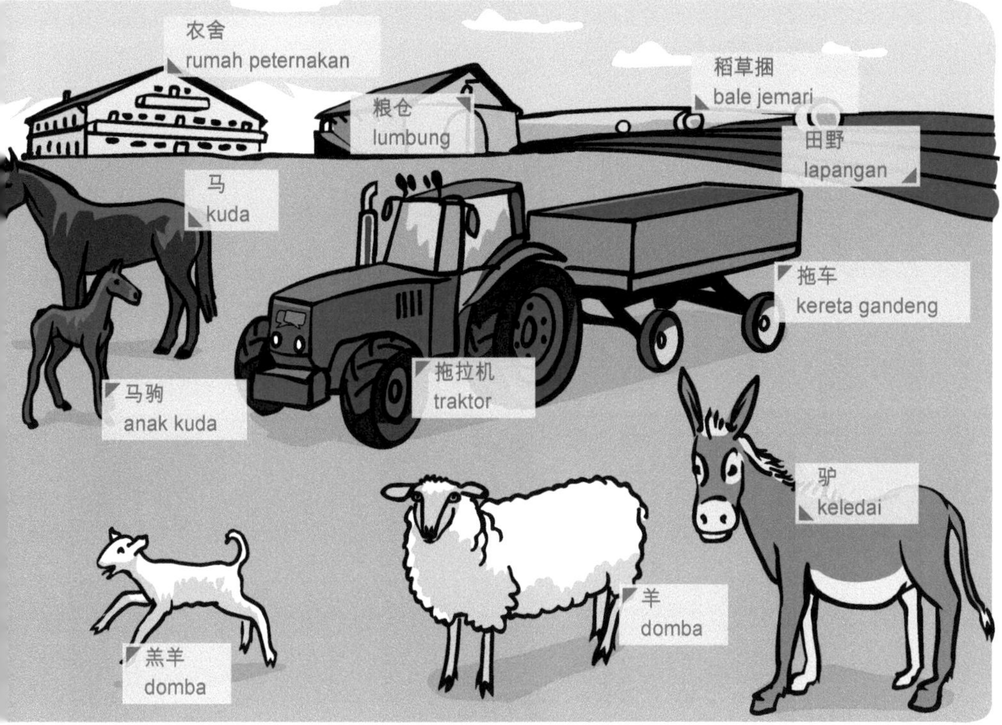

农舍
rumah peternakan
粮仓
lumbung
稻草捆
bale jemari
田野
lapangan
马
kuda
拖车
kereta gandeng
拖拉机
traktor
马驹
anak kuda
驴
keledai
羊
domba
羔羊
domba

山羊

kambing

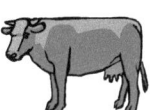

奶牛

sapi

牛犊

betis

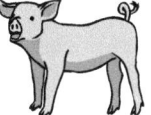

猪

babi

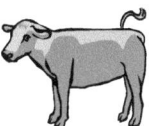

小猪

celeng

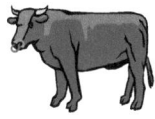

公牛

banteng

鹅
angsa

鸭
bebek

小鸡
anak ayam

母鸡
ayam

公鸡
ayam jantan

鼠
tikus

猫
kucing

老鼠
tikus

牛
lembu

狗
anjing

狗屋
rumah anjing

花园浇水软管
selang

洒水壶
penyiram

长柄大镰刀
sabit

犁
bajak

镰刀
sabit

锄头
cangkul

长柄草耙
garpu rumput

斧头
kapak

独轮手推车
gerobak

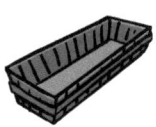

饲料槽
palung

牛奶罐
kaleng susu

麻布袋
karung

栅栏
pagar

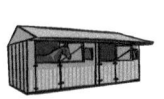

马厩
kandang

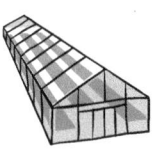

温室
rumah kaca

土壤
tanah

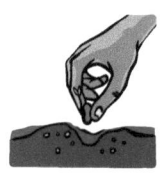

种子
benih

肥料
pupuk

联合收割机
mesin pemanen

收割

panen

收割

panen

山药

yams

小麦

gandum

大豆

kedelai

土豆

kentang

玉米

jagung

油菜籽

lobak

果树

pohon buah

树薯

singkong

谷物

sereal

房子

rumah

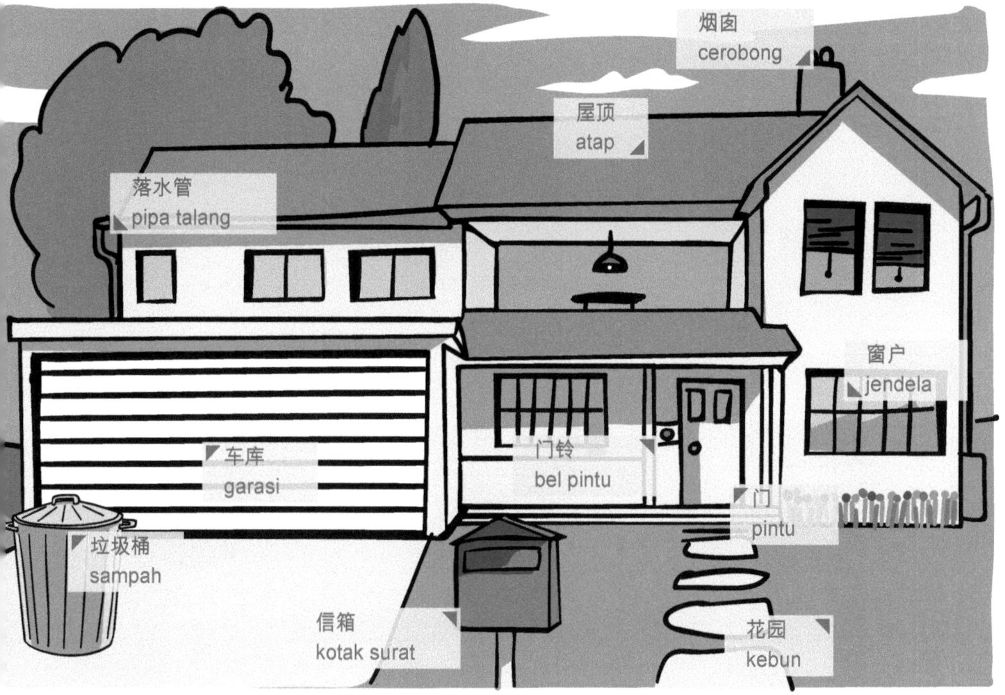

烟囱
cerobong
屋顶
atap
落水管
pipa talang
窗户
jendela
车库
garasi
门铃
bel pintu
门
pintu
垃圾桶
sampah
信箱
kotak surat
花园
kebun

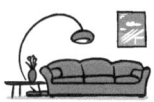

客厅

ruang tamu

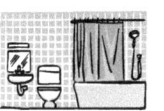

浴室

kamar mandi

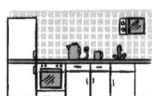

厨房

dapur

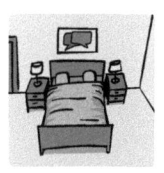

卧室

kamar tidur

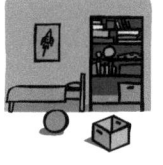

儿童房

kamar anak

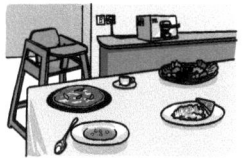

餐厅

kamar makan

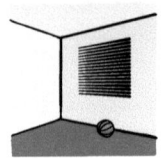

地板
lantai

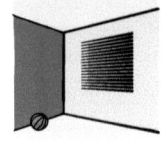

墙壁
tembok

吊顶
atap

地窖
gudang di bawah tanah

桑拿
sauna

阳台
balkon

露台
teras

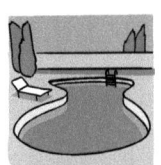

游泳池
kolam renang

割草机
mesin pemotong rumput

被单
sprei

床罩
selimut

床
tempat tidur

扫帚
sapu

水桶
ember

开关
tombol

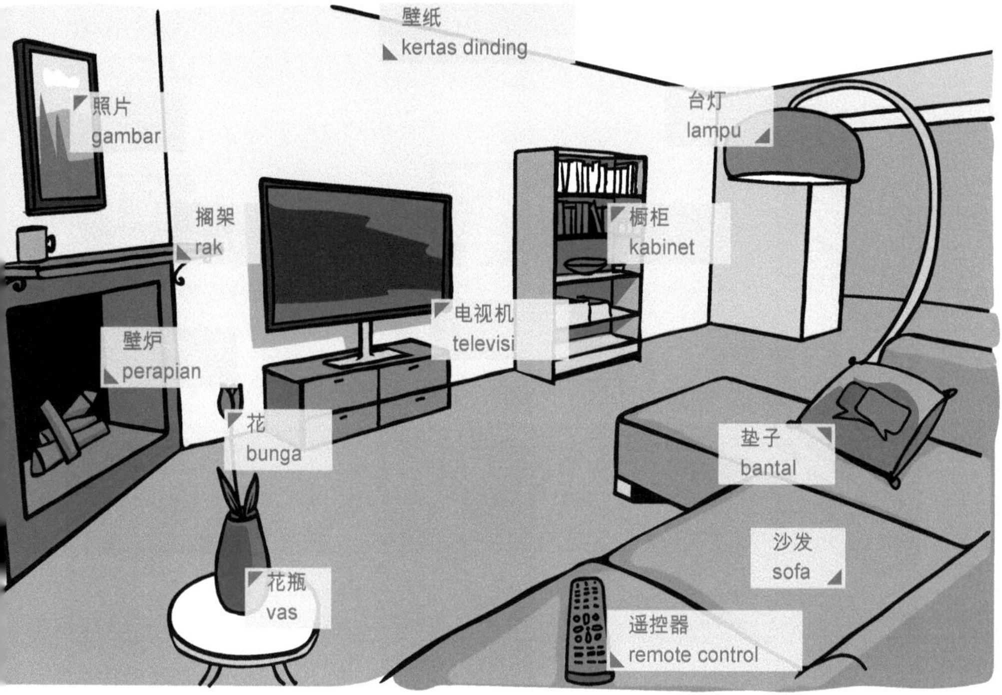

壁纸
kertas dinding

照片
gambar

台灯
lampu

搁架
rak

橱柜
kabinet

壁炉
perapian

电视机
televisi

花
bunga

垫子
bantal

沙发
sofa

花瓶
vas

遥控器
remote control

地毯
karpet

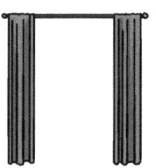

窗帘
korden

餐桌
meja

椅子
kursi

摇椅
kursi goyang

扶手椅
kursi malas

书
buku

毯子
selimut

装饰品
dekorasi

木柴
kayu bakar

电影
filem

高保真音响
hi-fi

钥匙
kunci

报纸
koran

油画
lukisan

海报
poster

收音机
radio

笔记本
buku tulis

吸尘器
penyedot debu

仙人掌
kaktus

蜡烛
lilin

厨房
dapur

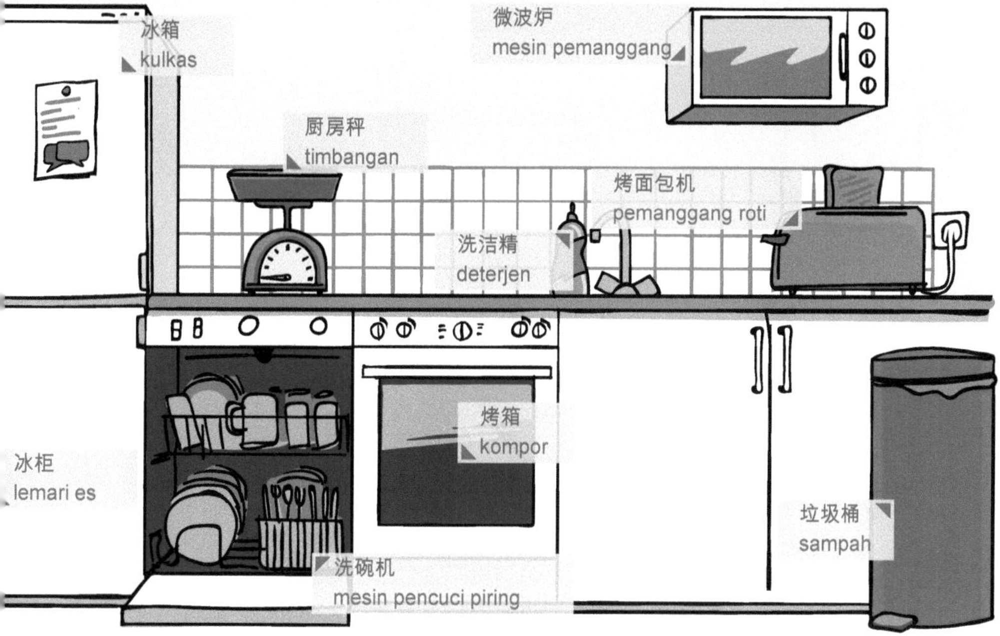
冰箱
kulkas
微波炉
mesin pemanggang
厨房秤
timbangan
烤面包机
pemanggang roti
洗洁精
deterjen
烤箱
kompor
冰柜
lemari es
垃圾桶
sampah
洗碗机
mesin pencuci piring

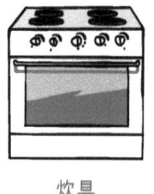

炊具

kompor

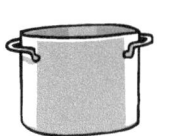

锅

panci

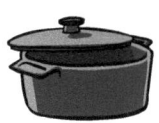

铸铁锅

panci besi

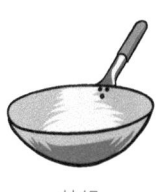

炒锅

wajan

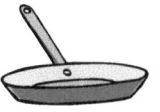

平底锅

panci

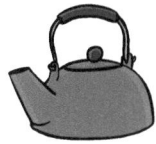

水壶

pemanas air

蒸锅

panci pengukus makanan

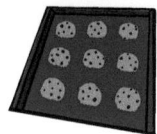

烤盘

nampan

陶瓷锅

piring

马克杯

cangkir

碗

mangkok

筷子

sumpit

长柄勺

sendok sup

铲子

sudip

搅拌器

mengocok

滤网

saringan

筛子

saringan

磨碎机

parutan

研钵

mortir

烧烤

barbeque

明火

api terbuka

菜板

papan memotong

擀面杖

gilingan

开瓶器

alat pembuka botol

罐子

kaleng

开罐器

pembuka kaleng

隔热手套

pegangan panci

水槽

wastafel

刷子

sikat

海绵

busa

搅拌机

mesin pencampur

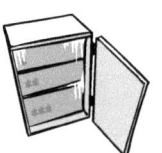

冷藏箱

lemari es

奶瓶

botol bayi

水龙头

keran

浴室

kamar mandi

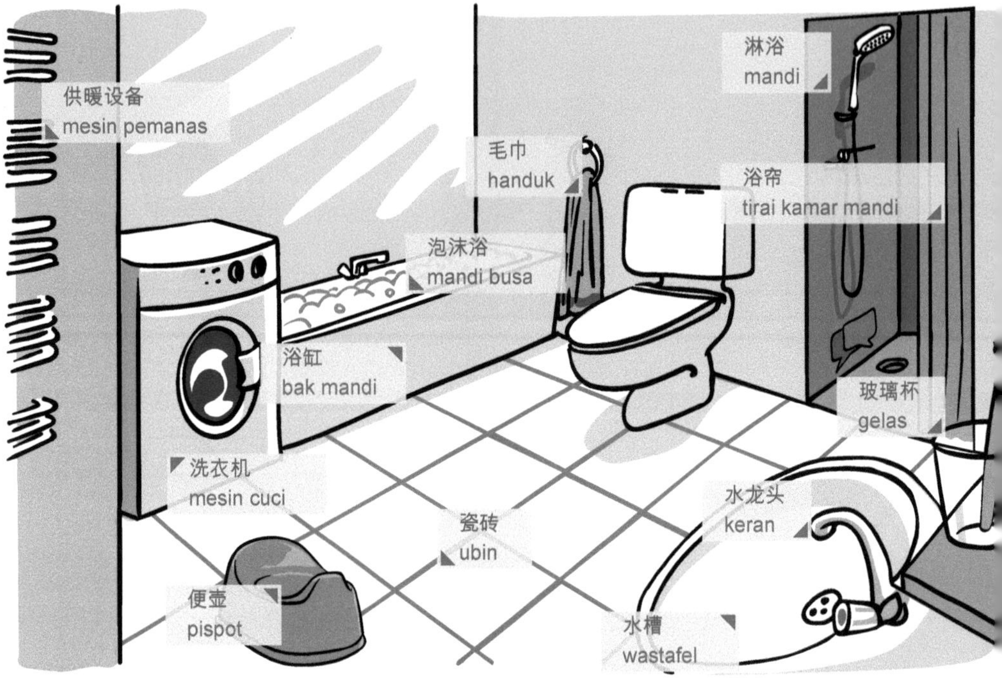

供暖设备
mesin pemanas
毛巾
handuk
淋浴
mandi
浴帘
tirai kamar mandi
泡沫浴
mandi busa
浴缸
bak mandi
玻璃杯
gelas
洗衣机
mesin cuci
水龙头
keran
瓷砖
ubin
便壶
pispot
水槽
wastafel

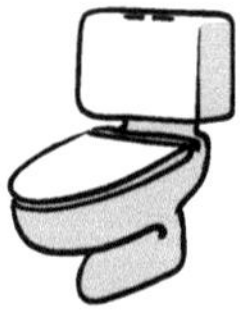

厕所

toilet

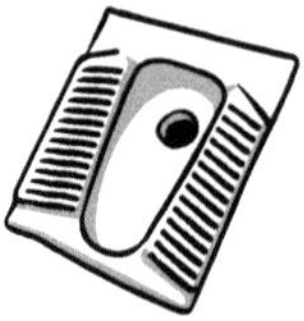

蹲便器

toilet jongkok

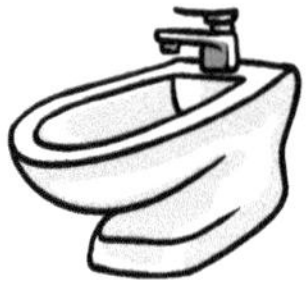

坐浴器

bidet

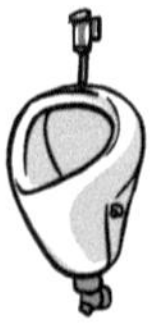

小便池

pissoir

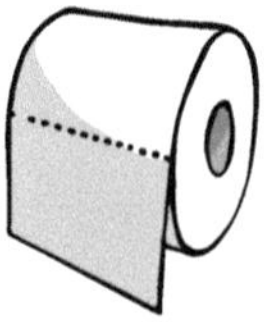

厕纸

kertas toilet

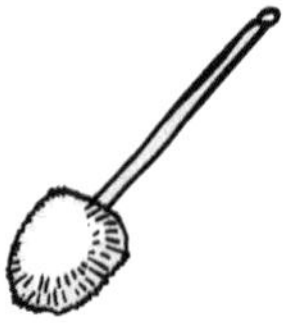

马桶刷

sikat toilet

牙刷
sikat gigi

牙膏
pasta gigi

牙线
benang gigi

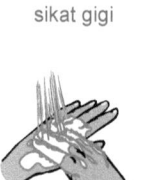

洗
menyuci

手持式喷淋头
pancuran tangan

冲洗器
pancuran

洗脸盆
bak

擦背刷
sikat punggung

肥皂
sabun

沐浴露
gel mandi

洗发水
sampo

法兰绒
planel

排水
kuras

乳霜
krim

除臭剂
deodoran

镜子
kaca

手镜
cermin tangan

剃须刀
pisau cukur

剃须泡沫
busa cukur

须后水
aftershave

梳子
sisir

刷子
sikat

吹风机
alat pengering rambut

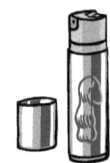

喷发定型剂
semprot rambut

化妆品
makeup

唇膏
lipstik

指甲油
cat kuku

化妆棉
kapas

指甲剪
gunting kuku

香水
minyak wangi

洗漱包

kantong pencuci

凳子

bangku

计重秤

timbangan

浴袍

mantel mandi

橡胶手套

sarung tangan karet

卫生棉条

tampon

卫生巾

handuk pembalut

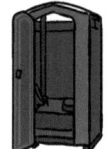

化学厕所

toilet kimia

儿童房

kamar anak

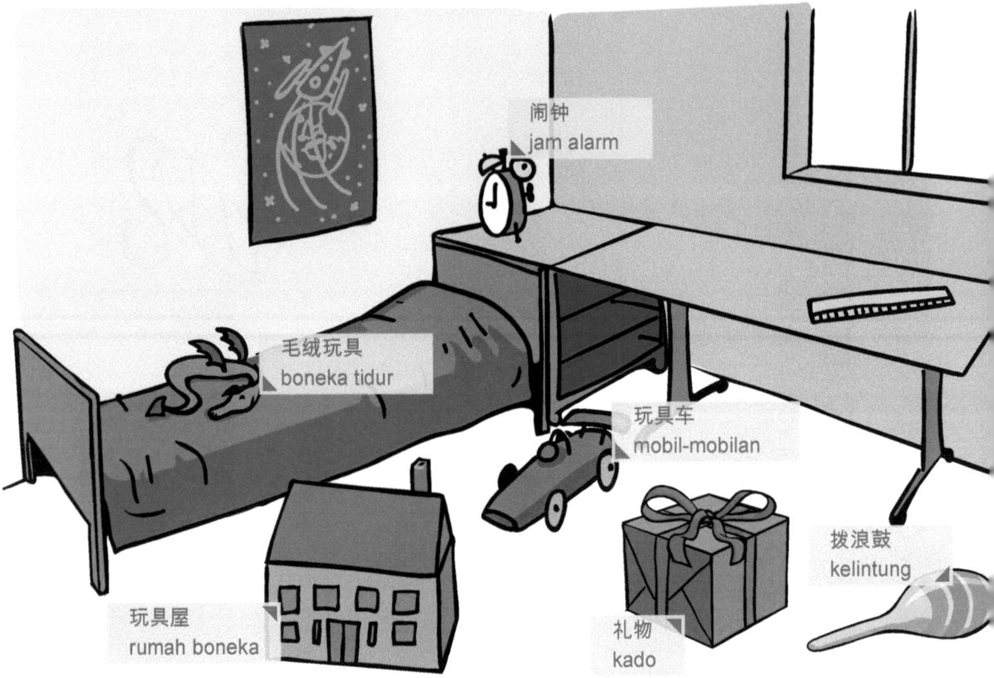

闹钟
jam alarm
毛绒玩具
boneka tidur
玩具车
mobil-mobilan
拨浪鼓
kelintung
玩具屋
rumah boneka
礼物
kado

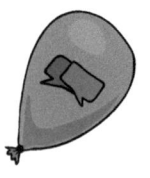

气球

balon

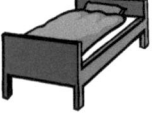

床

tempat tidur

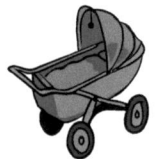

（洋娃娃用）婴儿车

kereta bayi

扑克牌

mainan kartu

拼图

teka-teki

SUPER
MEGA

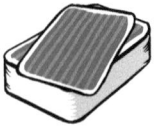

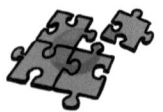

漫画

komik

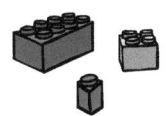

乐高积木

mainan lego

积木玩具

blok mainan

玩具人

figur aksi

婴儿服

baju monyet

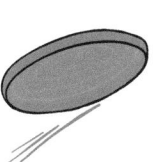

飞盘

frisbee

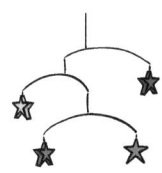

床铃玩具

mobile

棋盘游戏

permainan papan

骰子

dadu

火车模型

set model kreta api

安抚奶嘴

dot

聚会

pesta

绘本

buku gambar

球

bola

洋娃娃

boneka

玩

bermain

沙坑

tempat main pasir

秋千

ayunan

玩具

mainan

游戏机

video game konsol

三轮车

sepeda roda tiga

泰迪熊

teddy

衣柜

lemari pakaian

衣服

pakaian

袜子

kaos kaki

长袜

kaos kaki

紧身裤

baju ketat

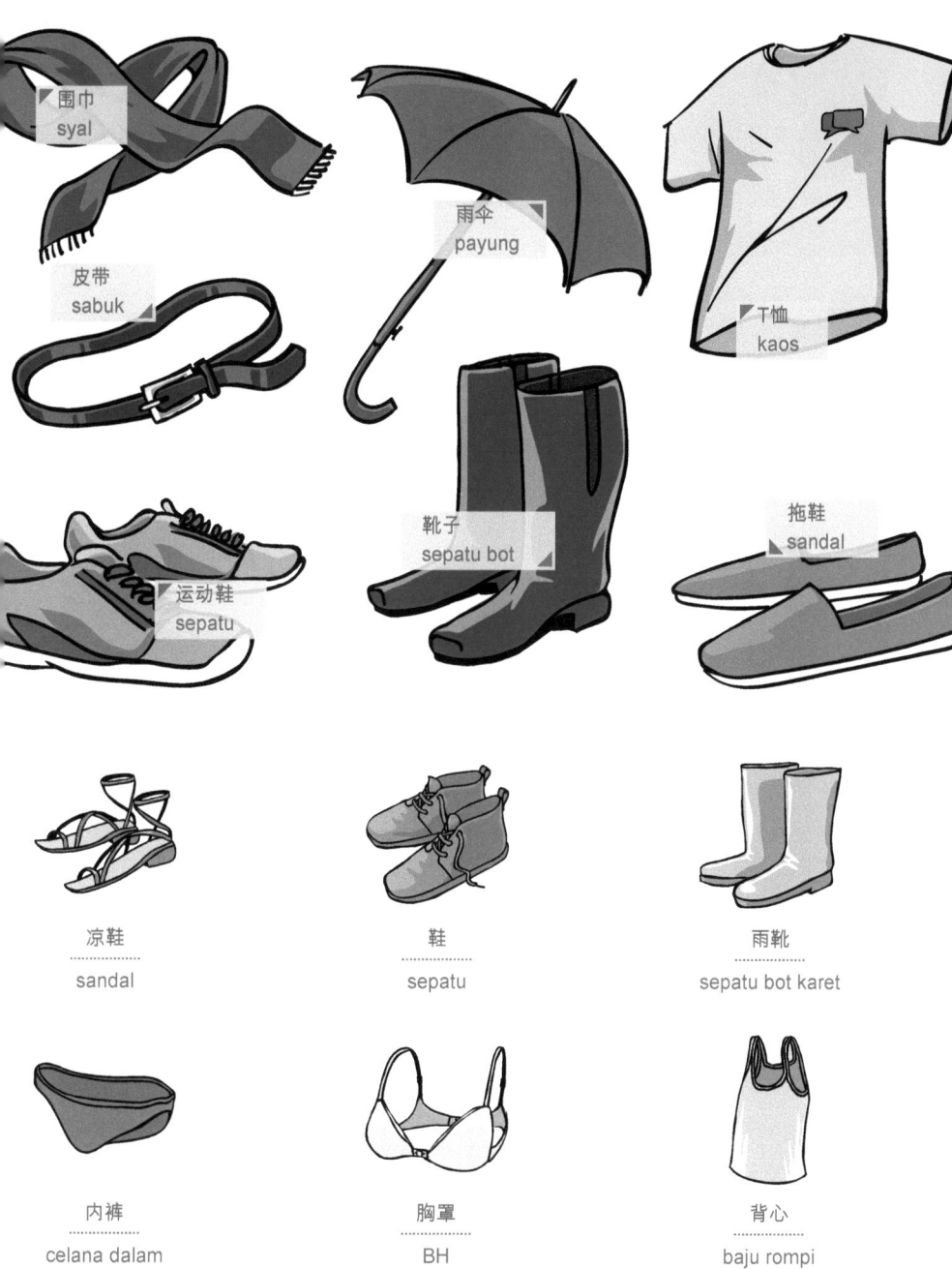

围巾
syal

皮带
sabuk

雨伞
payung

T恤
kaos

运动鞋
sepatu

靴子
sepatu bot

拖鞋
sandal

凉鞋
sandal

鞋
sepatu

雨靴
sepatu bot karet

内裤
celana dalam

胸罩
BH

背心
baju rompi

衣服 - pakaian

45

身体

body

裤子

celana

牛仔裤

jeans

短裙

rok

女式衬衫

blus

衬衫

kemeja

套头衫

aket berkerudung

卫衣

sweater

西装夹克

jaket

夹克

jaket

外套

mantel

雨衣

jas hujan

套装

kostum

连衣裙

gaun

婚纱

gaun pengantin

西装
setelan resmi

睡袍
gaun tidur

睡衣
piyama

莎丽
sari

头巾
jilbab

包头巾
turban

波卡
burka

卡夫坦
kaftan

(阿拉伯式)长袍
abaya

泳衣
pakaian renang

男式泳裤
celana renang

短裤
celana pendek

运动服
olah raga

围裙
celemek

手套
sarung tangan

纽扣

kancing

眼镜

kacamata

手链

gelang

项链

kalung

戒指

cincin

耳环

anting

便帽

topi

衣架

gantungan mantel

帽子

topi

领带

dasi

拉链

ritsleting

头盔

helm

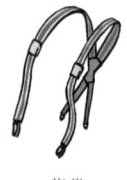

背带

tali selempang

校服

seragam sekolah

制服

seragam

围兜
oto

安抚奶嘴
dot

尿不湿
popok

办公室
kantor

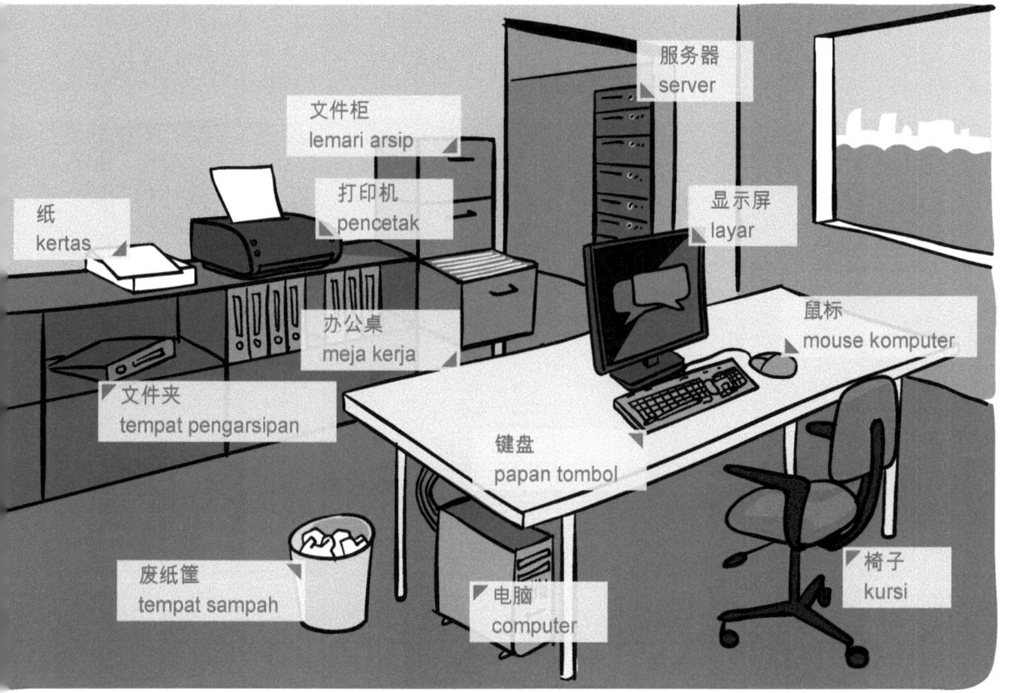

文件柜
lemari arsip

打印机
pencetak

纸
kertas

服务器
server

显示屏
layar

鼠标
mouse komputer

办公桌
meja kerja

文件夹
tempat pengarsipan

键盘
papan tombol

废纸筐
tempat sampah

电脑
computer

椅子
kursi

咖啡杯
cangkir kopi

计算器
kalkulator

因特网
internet

笔记本电脑

laptop

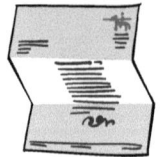

信件

surat

消息

pesan

手机

telepon seluler

网络

jaringan

复印机

fotokopi

软件

software

电话

telepon

插座

plug soket

传真机

mesin fax

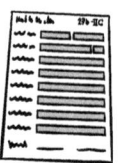

表格

formulir

文件

dokumen

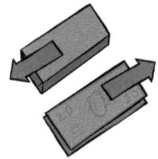

买
membeli

付钱
membayar

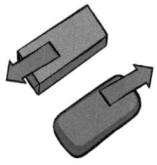

交易
berdagang

现金
uang

美元
Dollar

欧元
Euro

日元
Yen

卢布
Rubel

瑞士法郎
Franc Swiss

人民币
Renminbi Yuan

卢比
Rupiah

提款处
ATM

外币兑换处

kantor pertukaran mata uang

金

emas

银

perak

石油

minyak

能源

energi

价格

harga

合同

kontrak

税金

pajak

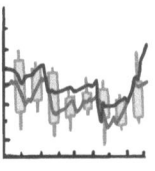

股票

saham

工作

bekerja

职员

karyawan

老板

majikan

工厂

pabrik

商店

toko

警官
petugas polisi

消防员
pemadam kebakaran

厨师
pemasak

医生
dokter

飞行员
pilot

园丁

tukan kebun

木匠

tukang kayu

裁缝

penjahit wanita

法官

hakim

化学家

ahli kimia

演员

aktor

公交车司机

sopir bis

出租车司机

sopir taksi

渔夫

nelayan

清洁女工

pembantu

屋顶工

tukang atap

服务员

pelayan

猎人

pemburu

画家

pelukis

面包师

tukang roti

电工

tukang listrik

建筑工人

pembangun

工程师

insinyur

屠夫

tukang daging

水管工

tukang ledeng

邮递员

tukang pos

士兵
tentara

建筑师
arsitek

收银员
kasir

花农
penjual bunga

理发师
penata rambut

售票员
konduktor

机械师
montir

船长
kapten

牙医
dokter gigi

科学家
ilmuwan

拉比
rabbi

伊玛目
imam

和尚
biarawan

牧师
pendeta

工具

alat

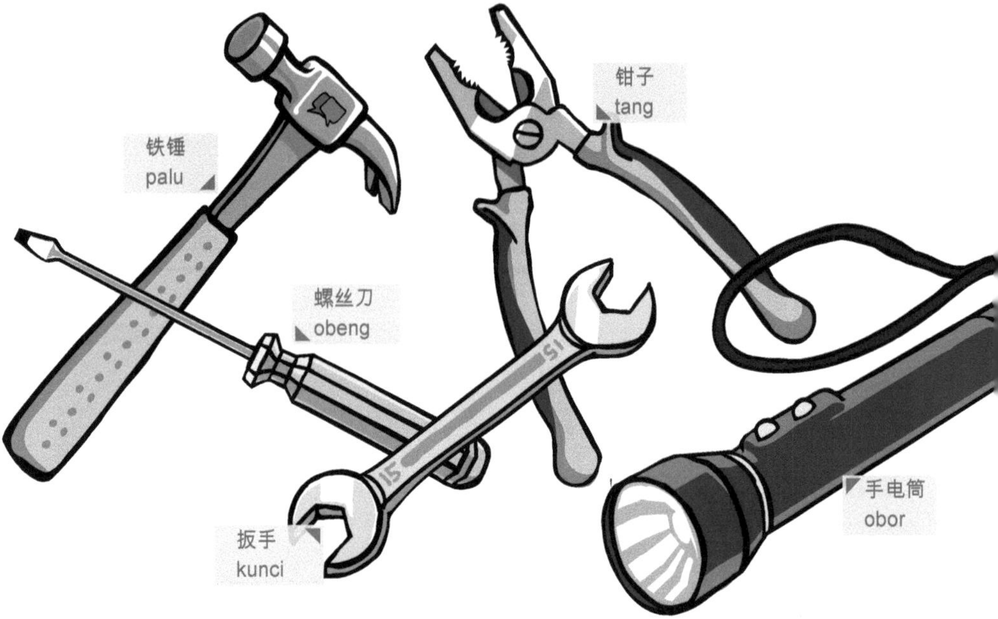

钳子
tang
铁锤
palu
螺丝刀
obeng
扳手
kunci
手电筒
obor

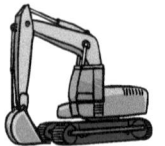

挖掘机

penggali

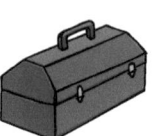

工具箱

tas perkakas

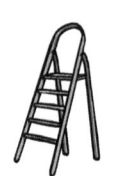

梯子

tangga

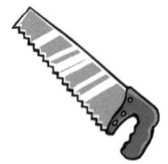

锯子

gergaji

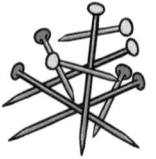

钉子

paku

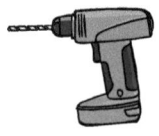

钻机

bor

修
perbaikan

铲子
sekop

靠！
Sialan!

簸箕
cikrak

油漆桶
pot cat

螺丝
sekrup

乐器
alat musik

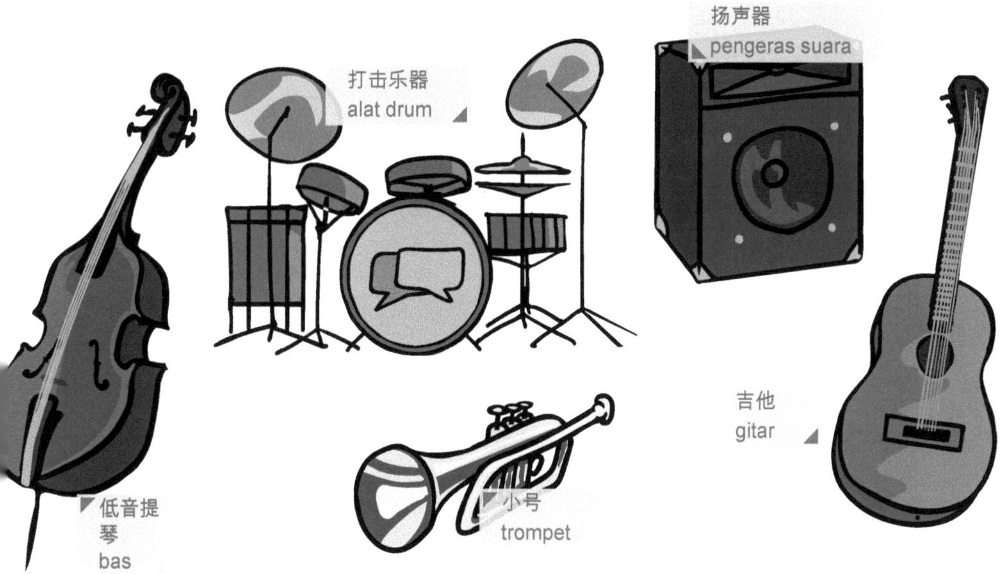

打击乐器
alat drum

扬声器
pengeras suara

吉他
gitar

低音提
琴
bas

小号
trompet

钢琴

piano

小提琴

violin

贝斯

bass

定音鼓

tambur

鼓

drum

电子琴

keyboard

萨克斯管

saksofon

长笛

suling

麦克风

mikrofon

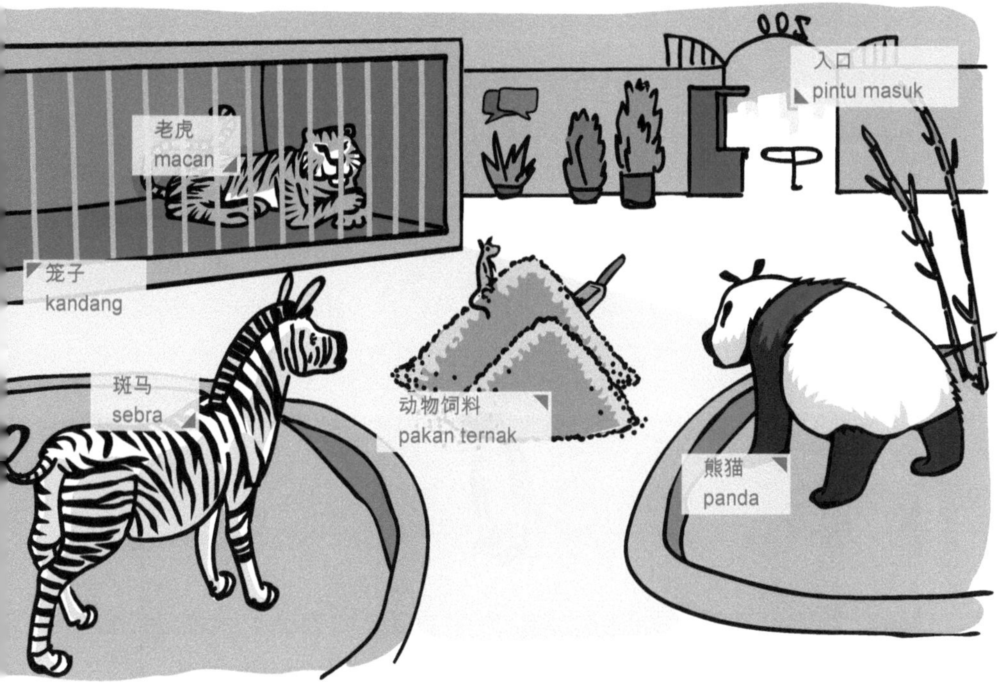

动物园
kebun binatang

老虎
macan

入口
pintu masuk

笼子
kandang

斑马
sebra

动物饲料
pakan ternak

熊猫
panda

动物
hewan

大象
gajah

袋鼠
kanguru

犀牛
badak

大猩猩
gorila

熊
beruang

骆驼

unta

鸵鸟

burung unta

狮子

singa

猴子

monyet

火烈鸟

flamingo

鹦鹉

burung beo

北极熊

beruang polar

企鹅

penguin

鲨鱼

hiu

孔雀

merak

蛇

ular

鳄鱼

buaya

动物园管理员

penjaga kebun binatang

海豹

segel

美洲豹

jaguar

矮种马

kuda poni

豹

macan tutul

河马

kuda nil

长颈鹿

jerapah

老鹰

burung elang

野猪

babi jantan

鱼

ikan

龟

kura-kura

海象

anjing laut

狐狸

rubah

羚羊

kijang

橄榄球
american football

骑自行车
naik sepeda

网球
tennis

篮球
basketbal

游泳
bernang

拳击
tinju

冰球
hoki es

英式足球
sepak bola

羽毛球
badminton

田径
atletik

手球
bola tangan

滑雪
main ski

马球
polo

跳
meloncat

拥抱
memeluk

笑
ketawa

唱
menyanyi

走路
berjalan

祈祷
berdoa

亲吻
mencium

做梦
mengimpi

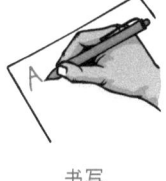

书写
menulis

画
melukis

展示
menunjuk

推
mendorong

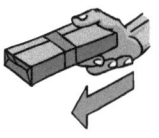

给
memberikan

拿
mengambil

有
mempunyai

做
melakukan

当
adalah

站
berdiri

跑
berlari

拉
menarik

扔
melempar

摔倒
jatuh

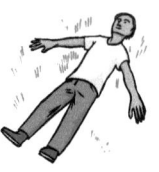

躺
tidur

等待
menunggu

携带
membawa

坐
duduk

穿衣
berpakaian

睡觉
tidur

醒来
bangun

看
melihat

哭
menangis

抚摸
mengelus

梳头
menyisir

交谈
berbicara

明白
mengerti

问
menanyak

听
mendengar

喝
minum

吃
makan

清理
merapikan

爱
cinta

做饭
memasak

开车
menyetir

飞
terbang

活动 - aktivitas

航行

berlayar

计算

menghitung

读

membaca

学习

belajar

工作

bekerja

结婚

menikah

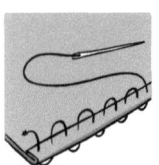

缝

menjahit

刷牙

sikat gigi

杀

membunuh

抽烟

merokok

寄

kirim

祖母
nenek

祖父
kakek

父亲
bapak

母亲
ibu

婴童
bayi

女儿
putri

儿子
putra

客人

tamu

阿姨

bibi

叔叔

paman

兄弟

kakak laki

姐妹

kakak perempuan

身体

badan

前额
dahi
眼睛
mata
肩膀
bahu
手指
jari
脸
muka
下巴
dagu
手
tangan
腿
kaki
乳房
payudara
手臂
lengan

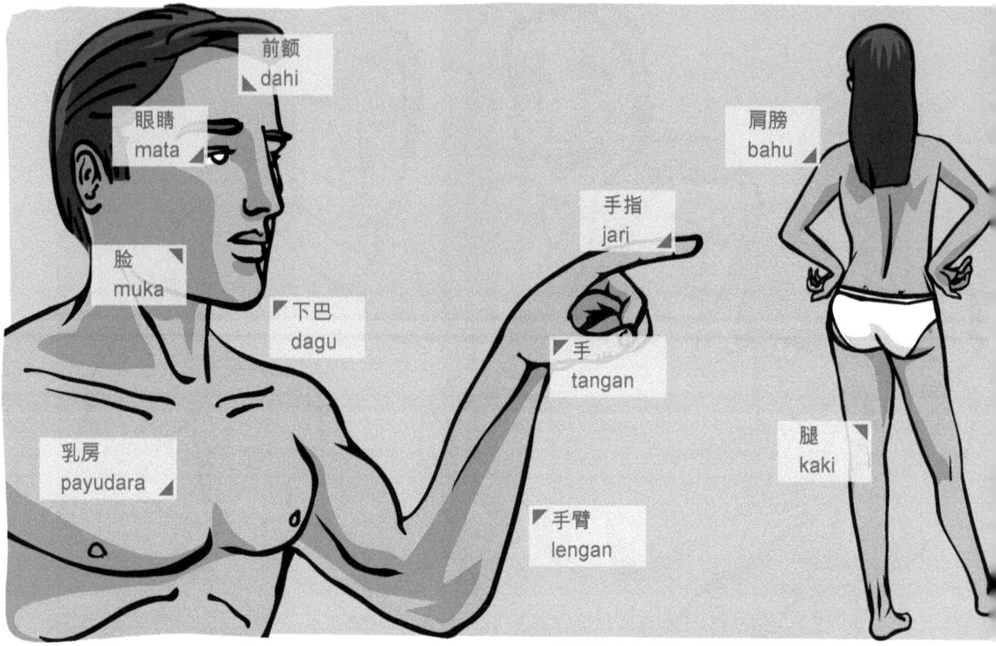

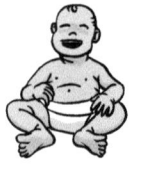

婴童

bayi

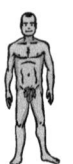

男人

pria

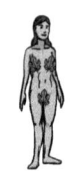

女人

wanita

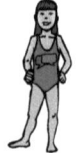

女孩

perempuan

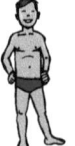

男孩

laki

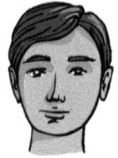

头

kepala

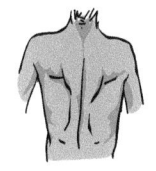

背部

punggung

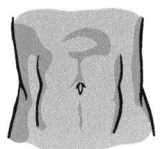

肚子

perut

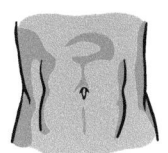

肚脐

pusar

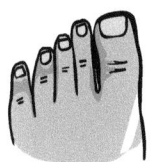

脚趾

toe

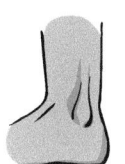

脚后跟

tumit

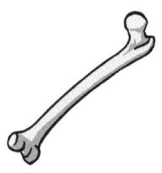

骨头

tulang

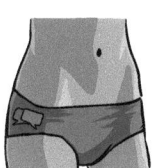

臀部

pinggang

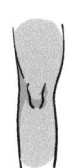

膝盖

lutut

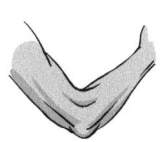

手肘

siku

鼻子

hidung

屁股

pantat

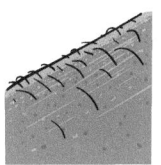

皮肤

kulit

脸颊

pipi

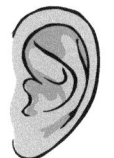

耳朵

telinga

嘴唇

bibir

嘴

mulut

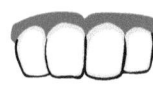

牙齿

gigi

舌头

lidah

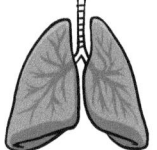

脑

otak

心脏

jantung

肌肉

otot

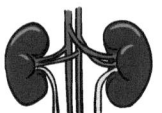

肺

paru-paru

肝脏

hati

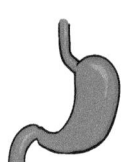

胃

stomach

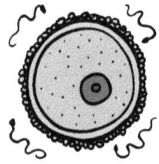

肾脏

ginjal

性交

hubungan seks

避孕套

kondom

卵子

sel telur

精子

sperma

怀孕

kehamilan

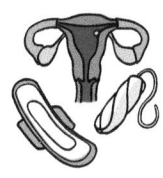

月经

menstruasi

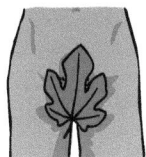

阴道

vagina

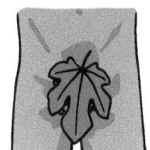

阴茎

penis

眉毛

alis

头发

rambut

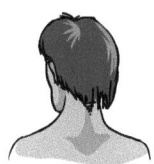

脖子

leher

医院

rumah sakit

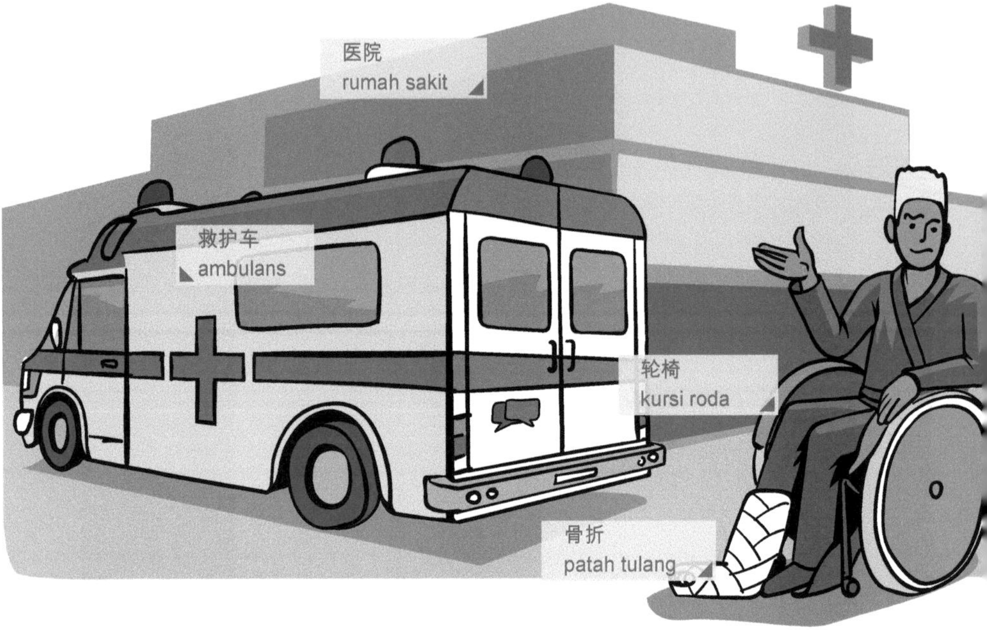

医院
rumah sakit
救护车
ambulans
轮椅
kursi roda
骨折
patah tulang

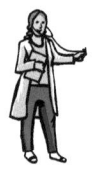

医生

dokter

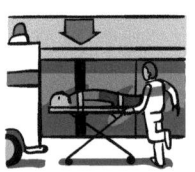

急诊室

ruang darurat

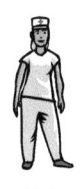

护士

perawat

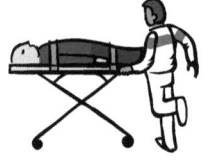

紧急情况

darurat

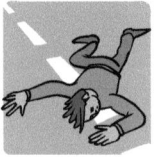

昏迷

semaput

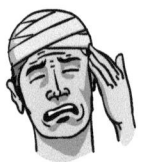

痛

sakit

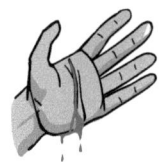

受伤

cedera

出血

perdarahan

心脏病发作

serangan jantung

中风

stroke

过敏

alergi

咳嗽

batuk

发烧

demam

流感

flu

腹泻

diare

头痛

sakit kepala

癌症

kanker

糖尿病

diabetes

外科医生

ahli bedah

手术刀

pisau bedah

手术

operasi

CT
CT

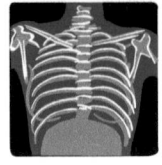

X光
sinar x

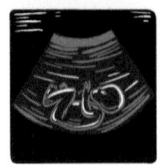

超声波
usg

口罩
topeng

疾病
penyakit

候诊室
ruang tunggu

拐杖
penyokong

石膏
plester

绷带
perban

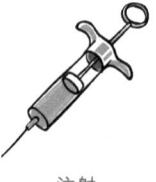

注射
injeksi

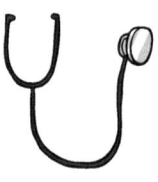

听诊器
stetoskop

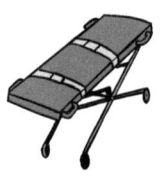

担架
usungan

体温计
termometer klinis

出生
kelahiran

超重
kelebihan berat badan

助听器
alat pendengar

消毒液
desinfektan

感染
infeksi

病毒
virus

艾滋病
HIV / AIDS

药物
obat

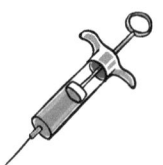

接种疫苗
vaksinasi

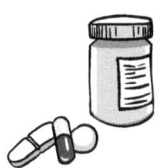

药片
tablet

药丸
pil

急救电话
panggilan darurat

血压计
ukur tekanan darah

生病/健康
sakit / sehat

救命！

Tolong!

警报

alarm

突击

penyerbuan

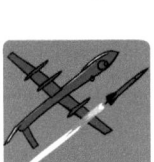

攻击

serangan

危险

bahaya

紧急出口

pintu darurat

着火啦！

Api!

灭火器

alat pemadam kebakaran

意外

kecelakaan

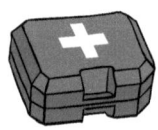

急救箱

kit pertolongan pertama

呼救信号

SOS

警察

polisi

欧洲
....
Eropa

北美洲
....
Amerika Utara

南美洲
....
Amerika Selatan

非洲
....
Afrika

亚洲
....
Asia

澳洲
....
Australi

大西洋
....
Atlantik

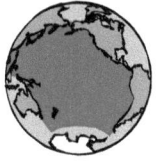

太平洋
....
Pasifik

印度洋
....
Samudra India

南冰洋
....
Samudra Antartika

北冰洋
....
Samudra Arktik

北极
....
kutub utara

南极

kutub selatan

南极洲

Antarktika

地球

bumi

陆地

tanah

海

laut

岛

pulau

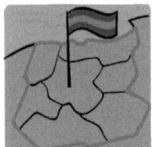

国家

bangsa

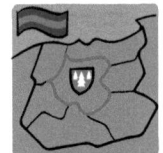

国家

negara

钟面

jam wajah

时针

jarum pendek

分针

jarum menit

秒针

jarum detik

现在几点？

Jam berapa?

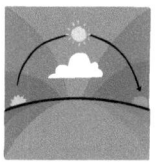

天

hari

时间

waktu

现在

sekarang

电子表

jam digital

分

menit

时

jam

周

minggu

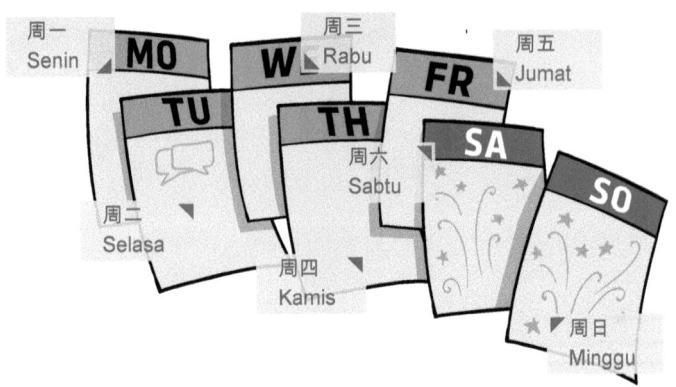

周一
Senin

周三
Rabu

周五
Jumat

周二
Selasa

周六
Sabtu

周四
Kamis

周日
Minggu

昨天

kemaren

今天

hari ini

明天

besok

早晨

pagi

中午

siang

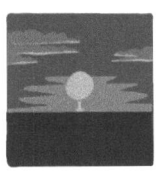

晚上

malam

工作日

hari kerja

周末

akhir minggu

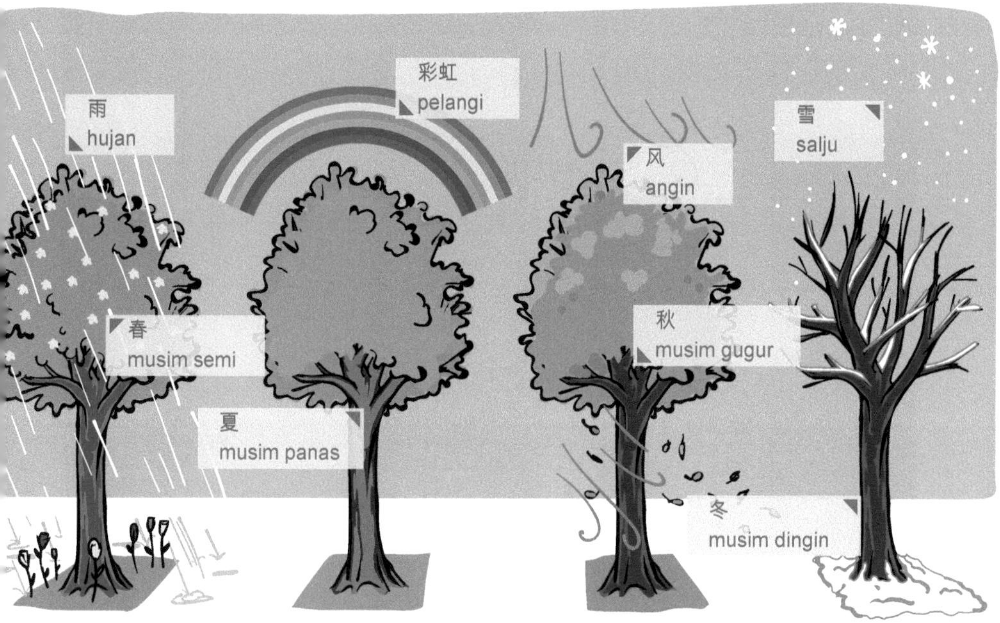

雨
hujan
彩虹
pelangi
风
angin
雪
salju
春
musim semi
夏
musim panas
秋
musim gugur
冬
musim dingin

4.APRIL 11°
5.APRIL 4°
6.APRIL 13°
7.APRIL 8°
8.APRIL 10°

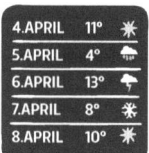

天气预报

ramalan cuaca

F C
120 90 60 30 0 -30
40 30 20 10 0 -10 -20

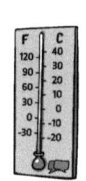

温度计

termometer

阳光

matahari

云

awan

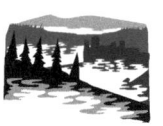

雾

kabut

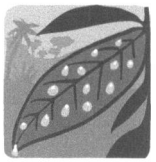

潮湿

kelembahan

闪电

kilat

打雷

guntur

风暴

badai

冰雹

hujan es

季风

monsun

洪水

banjir

冰

es

一月

Januari

二月

Februari

三月

Maret

四月

April

五月

Mei

六月

Juni

七月

Juli

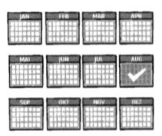

八月

Agustus

年 - tahun

九月
....
September

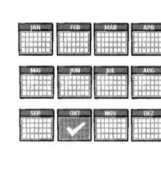

十月
....
Oktober

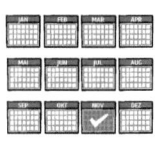

十一月
....
November

十二月
....
Desember

形状
bentuk

圆形
....
lingkaran

正方形
....
persegi

长方形
....
persegi panjang

三角形
....
segi tiga

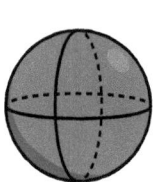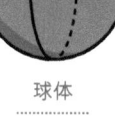

球体
....
bola

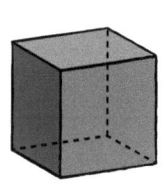

立方体
....
kubus

白

putih

黄

kuning

橙

oranye

粉

pink

红

merah

紫

ungu

蓝

biru

绿

hijau

棕

coklat

灰

abu-abu

黑

hitam

很多/少许

banyak / sedikit

生气/平静

marah / tenang

美/丑

cantik / jelek

首/尾

mulaih / selesai

大/小

besar / kecil

明/暗

terang / gelap

兄弟/姐妹

udara laki-laki / saudara
perempuan

干净/肮脏

bersih / kotor

完整/缺失

lengkap / tidak lengkap

白天/晚上

hari / malam

死/生

mati / hidup

宽/窄

luas / sempit

可食用/非食用

dapat dimakan / tidak dapat dimakan

邪恶/善良

jahat / baik

兴奋/无聊

bersemangat / bosan

胖/瘦

gemuk / kurus

第一/最后

pertama / terakhir

朋友/敌人

teman / musuh

满/空

penuh / kosong

硬/软

keras / lembut

重/轻

berat / enteng

饿/渴

lapar / haus

生病/健康

sakit / sehat

非法/合法

ilegal / legal

聪明/愚笨

cerdas / bodoh

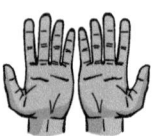

左/右

kiri / kanan

近/远

dekat / jauh

反义词 - berlawanan

新/旧

baru / bekas

没有/有些

tidak ada apapun / sesuatu

老/幼

tua / muda

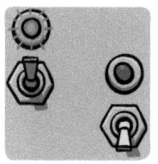

开/关

nyala / mati

打开/合上

buka / tutup

安静/吵闹

tenang / keras

富/穷

kaya / miskin

对/错

benar / salah

粗糙/光滑

kasar / halus

伤心/高兴

sedih / gembira

短/长

pendek / panjang

慢/快

pelan-pelan / cepat

湿/干

basah / kering

温暖/凉爽

hangat / sejuk

战争/和平

perang / damai

反义词 - berlawanan

0

零

nol

1

一

satu

2

二

dua

3

三

tiga

4

四

empat

5

五

lima

6

六

enam

7

七

tujuh

8

八

delapan

9

九

sembilan

10

十

sepuluh

11

十一

sebelas

12

十二
duabelas

13

十三
tigabelas

14

十四
empatbelas

15

十五
limabelas

16

十六
enambelas

17

十七
tujuhbelas

18

十八
delapanbelas

19

十九
sembilanbelas

20

二十
duapuluh

100

百
seratus

1.000

千
seribu

1.000.000

百万
juta

英语
Inggris

美式英语
bahasa Inggris Amerika

普通话
bahasa Cina Mandarin

印地语
bahasa Hindi

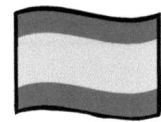

西班牙语
bahasa Spanyol

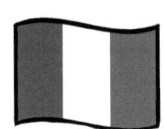

法语
bahasa Perancis

阿拉伯语
bahasa Arab

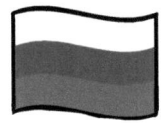

俄语
bahasa Rusia

葡萄牙语
bahasa Portugis

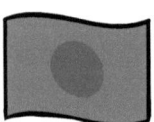

孟加拉语
bahasa Bengal

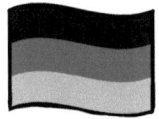

德语
bahasa Jerman

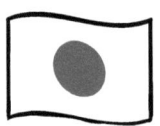

日语
bahasa Jepang

我
saya

你
kamu

他/她/它
dia

我们
kita

你们
kalian

他们
mereka

谁？
siapa?

什么？
apa?

怎样？
begaimana?

哪里？
dimana?

什么时候？
kapan?

名字
nama

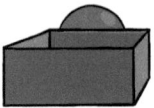

后面

dibelakang

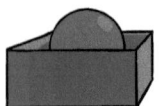

里面

di

前面

didepan

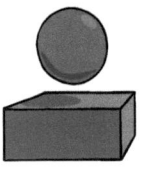

上方

diatas

上面

diatas

下面

dibawah

旁边

sebelah

中间

di antara

地点

tempat